Tobias Eggerl

Fußball EM 2024

Das Fußballbuch für Kinder zur Fußball Europameisterschaft 2024 in Deutschland mit allen Teams, den größten Stars, bezaubernden Stadien und dem spannenden Spielplan

W0324202

Kritik, Berichtigungen, Anregungen und Verbesserungsvorschläge für die nächste Auflage nehmen wir sehr gerne entgegen. Die E-Mail-Adresse lautet: support@tobias-unger.com

Vielen Dank, dass Sie sich für unser Buch entschieden haben!

Wir haben uns für Dich viel Mühe gegeben, ein sehr gutes Buch zu entwerfen. Wenn Dir das Buch gefallen und geholfen hat, würden wir uns sehr über eine positive Bewertung auf Amazon freuen.

Kritik, Feedback, Fragen, Hinweise auf Fehler und Anregungen für die nächste Auflage dieses Buches nehmen wir gerne per Mail entgegen. Unsere E-Mail-Adresse lautet: support@tobias-unger.com.

Inhalt

Berlin

Das Berliner Olympiastadion wurde im Jahr 1936 während der Nazi-Herrschaft für die Olympischen Spiele eingeweiht. Im Laufe der Jahrzehnte hat es sich zu Deutschlands "Finalstadion" entwickelt. Seit 1985 ist es der ständige Austragungsort des DFB-Pokalfinales und im Jahr 2006 krönte sich Italien in dieser beeindruckenden Arena zum Weltmeister. Neben dem Finale der UEFA EURO 2024 werden hier auch ein Achtel- und ein Viertelfinale, sowie drei Gruppenspiele ausgetragen.

Olympiastadion

Dieses Stadion hat Zeuge zahlreicher historischer Momente des Sports werden dürfen. Im Jahr 2009 stellte Usain Bolt während der Leichtathletik-Weltmeisterschaft hier die bis heute gültigen Weltrekorde über die 100 Meter und die 200 Meter der Männer auf. Das Olympiastadion war auch Gastgeber der Leichtathletik-Europameisterschaft im Jahr 2018. Jetzt werden wir erneut in seiner beeindruckenden Geschichte spannende Fußballbegegnungen und aufregende Momente erleben.

München

Die Allianz Arena, eröffnet im Jahr 2005, ist die stolze Heimstätte des deutschen Rekordmeisters FC Bayern München. Ursprünglich als gemeinschaftliches Projekt des FC Bayern und des TSV 1860 München geplant, gehört das Stadion nach dem Auszug der "Löwen" nun ausschließlich dem Serienmeister. Ein Jahr vor der Fußball-WM 2006 eröffnet, hat die Arena bereits eine reiche Geschichte. Bei der EM finden hier ein Halbfinale, ein Achtelfinale und vier Gruppenspiele statt. Darunter befindet sich auch das Eröffnungsspiel.

Allianz-Arena

2012 war die Allianz Arena der Austragungsort des dramatischen Champions-League-Finales, bei dem die Bayern ihr "Finale dahoam" gegen Chelsea verloren haben. Das nächste Champions-League-Finale wird 2025 erneut in diesem eindrucksvollen Stadion stattfinden. In diesem Stadion erzielte Roy Makaay im Jahr 2007 das bis heute schnellste Tor der Champions-League-Geschichte. München war auch einmal der Austragungsort eines EM-Endspiels: 1988 gewannen die Niederländer im Olympiastadion gegen die Sowjetunion ihren bisher einzigen EM-Titel..

Dortmund

Das Westfalenstadion in Dortmund, ursprünglich für die Fußball-WM 1974 als Westfalenstadion errichtet, hat eine faszinierende Geschichte. Nach verschiedenen Umbauphasen in den 1990er Jahren wurden für die Fußball-WM 2006 die ehemals offenen Ecken geschlossen, wodurch das Stadion mit über 80 000 Plätzen zum größten Fußballstadion Deutschlands wurde. Im Stadion von Borussia Dortmund finden drei Gruppenspiele, ein Achtelfinale und ein Halbfinale statt.

Signal-Iduna-Park

In diesem beeindruckenden Stadion fand 2001 das legendäre UEFA-Pokal-Finale zwischen dem FC Liverpool und Deportivo Alaves statt. Die Engländer gewannen das spannende Spiel durch ein Golden Goal mit 5:4 in der Verlängerung. Das Westfalenstadion war auch 1993 Gastgeber des UEFA-Pokal-Finales, bei dem Borussia Dortmund im Hinspiel gegen Juventus Turin mit 1:3 verlor. Die Italiener setzten sich schließlich im Rückspiel mit 3:0 durch.

Stuttgart

Das Stadion in Stuttgart, das bis vor kurzem den Namen Mercedes-Benz-Arena trug und seit Juli 2023 MHPArena heißt, hat eine reiche Geschichte. Ursprünglich im Jahr 1933 als Adolf-Hitler-Kampfbahn eröffnet, wurde es 1949 in Neckarstadion umbenannt und hat seitdem zahlreiche Umbaumaßnahmen durchlaufen.

MHPArena

Die MHPArena war Austragungsort der Endspiele des Europapokals der Landesmeister in den Jahren 1959 und 1988, bei denen Real Madrid und PSV Eindhoven die Sieger waren. Zudem fanden hier im Jahr 1993 die Leichtathletik-Weltmeisterschaften statt. In der bevorstehenden Fußball-Europameisterschaft 2024 wird die MHPArena vier Gruppenspiele und ein Viertelfinale austragen.

Hamburg

Das Volksparkstadion in Hamburg, das nach einigen Namensänderungen, darunter AOL Arena und Imtech Arena, wieder seinen ursprünglichen Namen zurückbekommen hat, birgt eine reiche Geschichte. Seit seiner Eröffnung im Jahr 1953 war es mit 76.000 Plätzen das zweitgrößte Stadion der Bundesrepublik Deutschland nach dem Olympiastadion in Berlin. Im Laufe der Zeit wurde es Ende der 1990er Jahre zu einem reinen Fußballstadion umgebaut.

Vollksparkstadion

Das Volksparkstadion war Schauplatz eines seiner legendärsten Spiele während der Weltmeisterschaft 1974, als Jürgen Sparwasser die DDR zu einem denkwürdigen 1:0-Sieg über die BRD schoss. In der bevorstehenden Fußball-Europameisterschaft 2024 wird das Volksparkstadion vier Gruppenspiele und ein Viertelfinale austragen.

Gelsenkirchen

Die Arena auf Schalke, eröffnet im Jahr 2001 nach einer dreijährigen Bauzeit und Kosten von 191 Millionen Euro, präsentiert sich als modernes Stadion und Heimat des FC Schalke 04. In der Vergangenheit war die Arena bereits Schauplatz wichtiger sportlicher Ereignisse. Im Jahr 2004 fand hier das Champions-League-Finale zwischen dem FC Porto und der AS Monaco statt, welches die Portugiesen unter der Leitung von Trainer José Mourinho mit 3:0 für sich entschieden.

Veltins-Arena

Seit 2002 ist die Arena außerdem Gastgeber der jährlichen World Team Challenge im Biathlon. Im Jahr 2010 wurde das Stadion für das Eröffnungsspiel der Eishockey-Weltmeisterschaft zwischen Deutschland und den USA genutzt. Mit 77.803 Zuschauern wurde dabei ein Zuschauer-Weltrekord im Eishockey für sieben Monate aufgestellt. Im Rahmen der Fußball-Europameisterschaft 2024 werden hier drei Gruppenspiele und ein Achtelfinale ausgetragen.

Frankfurt

Die Frankfurt Arena, ursprünglich 1925 als Waldstadion eröffnet, repräsentiert das vierte Stadion an gleicher Stelle im Frankfurter Stadtwald. Umgebaut in ein reines Fußballstadion für die Fußball-Weltmeisterschaft 2006, beliefen sich die Kosten für den Neubau von 2002 bis 2005 auf etwa 188 Millionen Euro.

Deutsche Bank Park

Das Stadion hat eine reiche Geschichte und war Schauplatz bedeutender Ereignisse. 1980 gewann Eintracht Frankfurt im Waldstadion den UEFA-Pokal gegen Borussia Mönchengladbach. Zudem fungiert die Arena regelmäßig als Austragungsort von Football-Spielen, darunter waren auch zwei NFL-Spiele im Jahr 2023. Im Rahmen der Fußball-Europameisterschaft 2024 werden hier vier Gruppenspiele und ein Achtelfinale ausgetragen.

Köln

Das Stadion in Köln, ursprünglich 1923 als Sportpark Müngersdorf eröffnet, hat im Lauf seiner Geschichte zahlreiche Umbauten erfahren. Für die Fußball-Weltmeisterschaft 2006 wurde es für beeindruckende 117,5 Millionen Euro vollständig neu errichtet und 2004 als reines Fußballstadion fertiggestellt.

RheinEnergieStadion

Während der Herausforderungen der Corona-Pandemie im Jahr 2020 war das RheinEnergieStadion der Austragungsort des Europa-League-Finals zwischen dem FC Sevilla und Inter Mailand (Endstand: 3:2). Seit 2010 fungiert das Stadion außerdem als jährlicher Austragungsort des DFB-Pokal-Finales der Frauen. Im Rahmen der Fußball-Europameisterschaft 2024 finden hier vier Gruppenspiele und ein Achtelfinale statt.

Düsseldorf

Die Arena in Düsseldorf, ursprünglich als Rheinstadion 1925 eröffnet und 2004 in ihrer heutigen Form neueröffnet, stellt eine bedeutende Sportstätte mit vielfältiger Geschichte dar. Zwischen 2002 und 2004 erbaut, wurde die Merkur Spiel-Arena leicht versetzt auf dem Gelände des alten Rheinstadions im Januar 2005 eröffnet. In der Arena fanden während der Corona-Pandemie Spiele der UEFA Europa League, neben den Städten Köln, Gelsenkirchen und Duisburg, statt. Hier werden drei Gruppenspiele, ein Achtelfinale und ein Viertelfinale ausgetragen.

Merkur Spiel-Arena

Mit einem verschließbaren Dach ausgestattet, wird die Arena auch das Eröffnungsspiel der Handball-Europameisterschaft 2024 ausrichten. Darüber hinaus ist sie eine bevorzugte Austragungsstätte für American-Football-Spiele und diente 2011 als Veranstaltungsort des Eurovision Song Contest nach dem Sieg von Lena Meyer-Landrut. Hier, im ehemaligen Rheinstadion, ereignete sich zudem der höchste Sieg in der Geschichte der Bundesliga – ein beeindruckendes 12:0 von Borussia Mönchengladbach gegen Borussia Dortmund.

Leipzig

Das Leipziger Stadion, ursprünglich als Zentralstadion 1956 eröffnet und 2004 komplett neu gestaltet für die Fußball-WM 2006, repräsentiert eine moderne Sportstätte mit einer faszinierenden Geschichte. In den Jahren 2019 bis 2021 wurden umfassende Umbaumaßnahmen durchgeführt, um die Stadionkapazität zu erhöhen und den Zugang zu vereinfachen. In diesem Stadion finden drei Gruppenspiele und ein Achtelfinale statt.

Red Bull Arena

Das Stadion war Schauplatz eines der denkwürdigsten Tore der WM-Geschichte – ein beeindruckender Treffer von Maxi Rodríguez im Achtelfinale 2006 gegen Mexiko. Durch den Abriss des Zentralstadions und die folgende Neugestaltung trägt das Leipziger Stadion dazu bei, die Fußballtradition in der Region zu bewahren und bietet eine moderne Arena für spannende und aufregende Events.

Die Teams der EM 2024

Mit großer Vorfreude blicken Fußballfans weltweit auf die bevorstehende UEFA Fußball-Europameisterschaft 2024 in Deutschland. Die Auslosung der Gruppen hat eine Reihe hochkarätiger Begegnungen hervorgebracht und verspricht spannende Duelle zwischen Europas besten Nationen. Doch während die Vorbereitungen in vollem Gange sind, bleibt ein gewisser Grad an Unsicherheit. Denn noch sind nicht alle Teilnehmer für die EM 2024 endgültig festgelegt. Über die Playoffs, die in den kommenden Monaten ausgetragen werden, werden noch drei der 24 Plätze vergeben.

Albanien

Die albanische Fußballnationalmannschaft, liebevoll als "Kuq e Zinjtë" (Die Roten und Schwarzen) bekannt, hat in den letzten Jahren beeindruckende Fortschritte gemacht und sich als aufstrebender Akteur etabliert, obwohl sie auf internationaler Ebene als kleinere Fußballnation betrachtet wird. Mit ihrer Teilnahme an der EM 2016 schrieben die Albaner Geschichte, indem sie sich erstmals für ein bedeutendes Turnier qualifizierten. Auch für die EM 2024 hat sich Albanien erfolgreich qualifiziert, indem es sich in der Qualifikationsrunde vor Tschechien und Polen den Gruppensieg sicherte.

Deutschland

Die deutsche Nationalmannschaft, auch bekannt als "Die Mannschaft", hat eine reiche Geschichte im internationalen Fußball und gehört zu den erfolgreichsten Teams weltweit. Mit vier Weltmeistertiteln und einem dreimaligem Gewinn der UEFA Europameisterschaft hat sich Deutschland einen festen Platz in der Elite des Fußballs gesichert. Bundestrainer Julian Nagelsmann steht vor der Herausforderung, eine perfekte Mischung aus erfahrenen Spielern und aufstrebenden Talenten zu formen. Die EM 2024 wird nicht nur eine Prüfung für die aktuelle Generation, sondern auch eine Chance für junge Spieler sein, sich auf der internationalen Bühne zu beweisen.

Belgien

Die belgische Fußballnationalmannschaft erlebte drei herausragende Jahrzehnte in ihrer Geschichte. Zunächst prägten die 1920er Jahre eine goldene Ära, in der sie sogar den Olympiasieg im heimischen Antwerpen feiern durften. Nach dieser Glanzperiode folgte jedoch eine lange sportliche Durststrecke. Erst in den 1970er und 1980er Jahren erwachte das Team zu neuer Stärke und sorgte erneut international für Aufsehen. Während der Europameisterschaft 1972 und der Weltmeisterschaft 1986 erreichte die Mannschaft jeweils das Halbfinale und prägte somit entscheidend die Fußballgeschichte.

Dänemark

In Deutschland ist wohl vor allem die schmerzliche 0:2-Niederlage im EM-Finale von 1992 das prägendste Bild, wenn man an Dänemark denkt. An diesem Abend in Stockholm wurde die legendäre Vorhersage von Franz Beckenbauer, dass Deutschland auf Jahre hinaus unschlagbar sein würde, für alle sichtbar widerlegt. Doch die dänische Nationalmannschaft hat in ihrer Geschichte immer wieder für überraschende Glanzpunkte gesorgt und damit einen Mythos geschaffen: Das "Danish Dynamite" steht für attraktiven Offensivfußball und die Freude am Toreschießen.

Italien

Italien zählt seit Anbeginn zu den führenden Fußballnationen in Europa. Mit insgesamt vier Weltmeistertiteln und einem errungenen Europameistertitel ist die italienische Nationalmannschaft bis heute eine der erfolgreichsten weltweit. Trotz dieser beeindruckenden Erfolge hätte die Mannschaft in den Jahren zwischen den Triumphen von 1982 und 2006 sogar noch mehr Titel gewinnen können, wäre sie nicht in dieser Zeit immer wieder vom Pech verfolgt worden. Regelmäßig schied die Mannschaft in entscheidenden Spielen entweder in der Verlängerung oder im Elfmeterschießen aus.

England

Die englische Fußballnationalmannschaft präsentiert sich als eine einzigartige Erscheinung im internationalen Sportgeschehen. Im Gegensatz zu vielen anderen Sportarten, in denen eine britische Nationalmannschaft agiert, darunter Hockey und Rugby, ist Fußball das herausragende Beispiel. Als Vertreter des Ursprungslands des Fußballs gehört die englische Nationalmannschaft von Anfang an zu den festen Größen im internationalen Fußball. Obwohl England bisher nur einen einzigen WM-Titel (1966) vorweisen kann, wird das Land heute als eine der traditionsreichen Fußballnationen betrachtet.

Kroatien

Obwohl die kroatische Nationalmannschaft erstmals an einem großen Turnier bei der Europameisterschaft 1996 in England teilnahm, hat sie bereits beachtliche Spuren im Weltfußball hinterlassen. Ende der 1990er Jahre gehörte das Team sogar zu den besten in Europa, auch wenn in dieser Ära kein Titel gewonnen wurde. Dennoch hat sich das kleine Land vom Balkan mittlerweile als regelmäßiger Teilnehmer an Endrunden etabliert. Kroatische Spieler sind zudem heiß begehrt und spielen in den Topligen Europas. Ein herausragender Erfolg war 2018, als die Kroaten bei der WM in Russland erst im Finale gegen Frankreich unterlagen.

Frankreich

Die französische Fußballnationalmannschaft gilt heute als Favorit im Vorfeld großer Turniere. Dies markiert einen beeindruckenden Wandel, da das Team jahrzehntelang in der internationalen Zweitklassigkeit verweilte. Erst in den 1980er Jahren gelang es dem ehemaligen UEFA-Präsidenten Michel Platini, die Mannschaft in die Weltspitze zu führen. In dieser Ära wurden die Franzosen von genialen Spielmachern geprägt. Zunächst wurde Platini als der beste französische Spieler aller Zeiten betrachtet, doch später stellte Zinédine Zidane diesen Ehrentitel in Frage.

Portugal

Lange Zeit musste die portugiesische Nationalmannschaft auf einen Erfolg warten. Lediglich Eusebio gelang es für kurze Zeit, das Team bei der FIFA Weltmeisterschaft 1966 in die internationale Spitze zu führen. Ansonsten scheiterte die Nationalelf zumeist schon in der Qualifikation für die großen Turniere. Ende der 1980er und Anfang der 1990er Jahre holte Portugals goldene Generation rund um Luis Figo mehrere Titel im Juniorenbereich und führte auch die A-Nationalmannschaft in die Weltspitze. Trotz dieser Erfolge reichte es bis zur Fußball EM 2016 noch nicht für einen großen Titel. Cristiano Ronaldo und sein Team wurden Fußball-Europameister 2016.

Niederlande

Seit Jahrzehnten gehört die Fußballnationalmannschaft der Niederlande zur absoluten Weltspitze. Obwohl sie oft als ewiger Zweiter bezeichnet wurde, konnte die Nationalmannschaft bisher einen Titel erringen, trotz ihrer beeindruckenden vier Teilnahmen an WM-Finalen. Die niederländische Fußballnationalmannschaft trägt traditionell orangefarbene Trikots bei Heimspielen, weshalb sie auch als "Oranje Elftal" bezeichnet wird. Bei der WM 2022 in Katar verlor sie im Viertelfinale gegen den späteren Weltmeister Argentinien im Elfmeterschießen mit 3:4. Für die EM 2024 hat das Team erneut große Ziele und möchte endlich Europameister werden.

Schottland

Die schottische Fußballnationalmannschaft kann stolz darauf sein, als das älteste Team der Welt zu gelten. Sie spielen seit dem ersten Länderspiel der Geschichte gegen England im Jahr 1872. Unter der Leitung des schottischen Trainers Steve Clarke hat sich das aktuelle Team 2023 erfolgreich für die Europameisterschaften in Deutschland qualifiziert und ist somit eine der erfreulichen Überraschungen in der EM-Qualifikation 2024. Trotz dieses Erfolgs wartet Schottland noch auf einen Durchbruch bei EM- oder WM-Endrunden, wobei das Team bei den drei bisherigen EM-Teilnahmen in den Jahren 1992, 1996 und 2021 jeweils in der Vorrunde ausschied.

Österreich

Die österreichische Fußballnationalmannschaft, auch als das "ÖFB-Team" bekannt, hat im Laufe der Jahre eine faszinierende Geschichte geschrieben und steht nun vor der Herausforderung und Chance, sich bei der UEFA Fußball-Europameisterschaft 2024 zu beweisen. Die letzten Jahrzehnte waren von Höhen und Tiefen geprägt, aber in den letzten Jahren hat sich Österreich zu einem festen Bestandteil internationaler Wettbewerbe entwickelt. Die Qualifikation für die UEFA Euro 2020 und die bevorstehende Teilnahme an der EM 2024 sind klare Zeichen für den Fortschritt des österreichischen Fußballs.

Schweiz

Die Schweizer Fußballgeschichte ist geprägt von historischen Momenten bis hin zu neuen Herausforderungen. Mit einem Blick auf die bevorstehende UEFA Fußball-Europameisterschaft 2024 wirft die Schweizer Nationalmannschaft, liebevoll als "Die Nati" bekannt, einen fokussierten Blick auf die Zukunft. Mit Schlüsselspielern wie Granit Xhaka und Xherdan Shaqiri, die das Team auf dem Spielfeld anführen, sowie einer vielversprechenden Mischung aus erfahrenen Kräften und jungen Talenten ist die Nati bereit, sich in Deutschland zu beweisen.

Rumänien

Die rumänische Fußballnationalmannschaft erlebte eine goldene Ära in den 1990er-Jahren mit herausragenden Spielern wie Hagi, Popescu und Petrescu, die dreimal hintereinander an einer WM-Finalrunde teilnahm. Mit einer langen Fußballhistorie kann Rumänien regelmäßige Qualifikationen für EM-Endrunden vorweisen. Die EM 2024 markiert die sechste Teilnahme des rumänischen Teams seit der EM 1984. Obwohl die aktuelle rumänische Spielergeneration keine großen Fußballstars umfasst, hat Coach Edward Iordănescu eine schlagkräftige Mannschaft geformt. Rumänien verfügt über starke Verteidiger, erfahrene Mittelfeldspieler und einige Talente.

Slowenien

Die slowenische Fußballnationalmannschaft repräsentiert eine aufstrebende Sportnation, die bereits herausragende Athleten, wie Pogačar im Radrennen, Prevc im Skispringen und Dončić im Basketball hervorgebracht hat. In der Vergangenheit konnten sich die slowenischen Fußballer bereits bei der EM 2000 sowie den Weltmeisterschaften 2002 und 2010 auf der großen Fußballbühne präsentieren. Die Begeisterung für Fußball im Land erreichte einen neuen Höhepunkt, als sich die slowenische Nationalmannschaft erfolgreich für die Europameisterschaft 2024 qualifizierte.

Slowakei

Die slowakische Nationalmannschaft zählt zu den jüngsten Vertretern im europäischen Fußball. Ihr erstes Pflichtspiel im Rahmen der EM-Qualifikation fand 1996 statt. Seitdem konnte die Slowakei noch keine großen Spuren im Weltfußball hinterlassen. Im Vergleich zum Nachbarn Tschechien, mit dem sie bis 1993 eine gemeinsame Nation bildete, gelang bisher keine Etablierung in der Weltspitze. Noch in den 1970er Jahren stellten slowakische Spieler das Rückgrat der gemeinsamen tschecho-slowakischen Mannschaft dar. Ein Beispiel dafür war der EM-Sieg gegen Deutschland im Jahr 1976, bei dem neun slowakische und vier tschechische Spieler spielten.

Ungarn

Die Geschichte der ungarischen Fußballnationalmannschaft ist geprägt von einer gewissen Tragik. Trotz zweier Finalteilnahmen bei der Fußball-Weltmeisterschaft blieb der ersehnte Titelgewinn dem Land bisher verwehrt. Nur die nicht mehr existierende Tschechoslowakei und die Niederlande, die sogar drei WM-Finals verloren, teilten dieses Schicksal. Ungarn konnte hingegen bei den Olympischen Fußballturnieren, die innerhalb des Ostblocks eine herausragende Bedeutung hatten, mehrfach triumphieren. Nach den Goldmedaillen in den Jahren 1952, 1964 und 1968 setzte jedoch ein allmählicher Niedergang der ungarischen Nationalmannschaft ein.

Serbien

Die serbische Fußballnationalmannschaft blickt auf eine lange und ereignisreiche Geschichte zurück. Nach einer Phase, in der sie sich aus dem Fokus des Weltfußballs zurückgezogen hatte, gelang es der Mannschaft rechtzeitig zur WM 2018, wieder im Rampenlicht zu stehen. Besonders unvergessen bleibt das letzte Aufeinandertreffen mit der deutschen Mannschaft während der Weltmeisterschaft in Südafrika, als Serbien überraschend mit 1:0 in der Gruppenphase siegte. Mit diesem Erfolg im Rücken strebt das Team von Trainer Mladen Krstajic nun die EM 2024 an und setzt sich neue Ziele auf der internationalen Fußballbühne.

Spanien

Spanien, bekannt als "La Furia Roja" (Die rote Furie), hat eine beeindruckende Fußballtradition, die bis zu den Anfängen des 20. Jahrhunderts zurückreicht. Von glorreichen Siegen bis zu unvergesslichen Momenten hat die Geschichte der Roja viele Kapitel geschrieben. Die UEFA EM-Qualifikation zeigte, dass Spanien nach wie vor zu den Top-Teams Europas gehört. Nun steht die Herausforderung bevor, bei der EM 2024 zu glänzen. Die Gruppenphase wird ein spannendes Kapitel, in dem La Furia Roja ihre Stärke beweisen muss.

Türkei

Die türkische Nationalmannschaft, bekannt als "Ay-Yıldızlılar" (Die Halbmondsterne), hat auf internationalem Parkett mit beeindruckenden Leistungen und dramatischen Momenten für Aufsehen gesorgt. Von legendären Siegen bis zu packenden Qualifikationskämpfen hat sich der türkische Fußball als eine leidenschaftliche Kraft auf der großen Bühne erwiesen. Die Qualifikation für die UEFA EURO 2024 spiegelt den Kampfgeist und die Entschlossenheit der türkischen Mannschaft wider. Jetzt steht sie vor der spannenden Herausforderung, ihre Fußballstärke auf der EM-Bühne zu zeigen.

Tschechien

Ein Blick auf die reiche Geschichte des tschechischen Fußballs weckt Vorfreude auf die UEFA Fußball-Europameisterschaft 2024. Tschechien, das Herz Europas, hat eine beeindruckende Tradition im Fußball, die bis in die frühen Jahre des 20. Jahrhunderts zurückreicht. Die tschechische Nationalmannschaft, auch als "Národní tým" bekannt, hat im Laufe der Jahrzehnte zahlreiche Höhen und Tiefen erlebt. Von den goldenen Momenten bis zu herausfordernden Zeiten hat sich der tschechische Fußball als eine bedeutende Kraft auf dem internationalen Spielfeld entwickelt.

Gruppe A

Datum	Uhrzeit	Team 1	Erg.	Team 2	Spielort
14.06.2024	21:00	GER	:	SCO	München
15.06.2024	15:00	UNG	:	CH	Köln
19.06.2024	21:00	SCO	:	CH	Köln
19.06.2024	18:00	GER	:	UNG	Stuttgart
23.06.2024	21:00	CH	:	GER	Frankfurt
23.06.2024	21:00	SCO	:	UNG	Stuttgart

Die deutsche Fußballnationalmannschaft ist als Gastgeber vorzeitig für die Gruppe A der EM 2024 qualifiziert und wird in einer ausgeglichenen Gruppe antreten. Bei der Auslosung hatte Deutschland das Glück, keine sogenannte "Todesgruppe" zu erwischen. Das Eröffnungsspiel am 14. Juni 2024 wird gegen Schottland stattfinden, während auch die Nationalmannschaften von Ungarn und der Schweiz Teil der Gruppe A sind.

Gruppe A

Für den deutschen Bundestrainer Nagelsmann wird die Gruppenphase besonders interessant, da er auf Nationalspieler trifft, die er bereits bei RB Leipzig trainiert hat. Zu diesen Spielern gehören die ungarischen Stars Orban und Szoboszlai sowie der Schweizer Yann Sommer, den er noch aus seiner Zeit beim FC Bayern kennt.

Es bleibt spannend, welche Nationalmannschaften aus Gruppe A den Einzug ins EM-Achtelfinale schaffen werden. Deutschland hat gute Chancen, als Gruppensieger hervorzugehen. Beachtenswert ist, dass die Auslosung eine schwerere Gruppe hätte bringen können, beispielsweise mit dem Titelverteidiger Italien aus dem Lostopf 4.

Die schweizerische Mannschaft vertraut weiterhin auf die Führung von Granit Xhaka, einem erfahrenen Mittelfeldstrategen, der die Geschicke seines Teams lenkt.

Die deutsche Nationalelf zeigt eine Mischung aus bewährten Stars und aufstrebenden Talenten. Manuel Neuer, Thomas Müller, Ilkay Gündogan, Joshua Kimmich, Antonio Rüdiger und Kai Havertz gehören zu den etablierten Kräften, während junge Hoffnungsträger wie Jamal Musiala und Florian Wirtz für frischen Wind sorgen.

Die Stars der Gruppe A

In der ungarischen Nationalmannschaft sind Spieler aus der deutschen Bundesliga besonders präsent. Willi Orban, Péter Gulácsi und Roland Sallai repräsentieren die Magyaren, während das aufstrebende Talent Dominik Szoboszlai ebenfalls in der Bundesliga sein Können unter Beweis stellt.

Die schottische Auswahl setzt auf bewährte Kräfte, wie Scott McTominay, Andrew Robertson und Kieran Tierney, die als Schlüsselspieler in der EM 2024 gelten.

Gruppe B

Datum	Uhrzeit	Team 1	Ergebnis	Team 2	Spielort
15.06.2024	18:00	ESP	:	CRO	Berlin
15.06.2024	21:00	ITA	:	ALB	Dortmund
19.06.2024	15:00	CRO	:	ALB	Hamburg
20.06.2024	21:00	ESP	:	ITA	Gelsenkir.
24.06.2024	21:00	ALB	:	ESP	Düssel.
24.06.2024	21:00	CRO	:	ITA	Leipzig

Die Gruppe B der UEFA Fußball-Europameisterschaft 2024 verspricht mit den ehemaligen Europameistern Spanien und Italien sowie dem Vizeweltmeister 2018 Kroatien und Albanien eine Besetzung mit ganz großer Klasse. Obwohl der Ausfall von Barca-Star Gavi aufgrund eines Kreuzbandrisses einen Rückschlag für Spanien darstellt, gilt die Mannschaft als Favorit auf den Gruppensieg.

Gruppe B

Das Auftaktspiel zwischen Spanien und Kroatien am 15. Juni 2024 im Berliner Finalstadion verspricht hochklassigen Fußball. Ein weiteres Highlight ist das Aufeinandertreffen von Spanien und Italien am 20. Juni 2024. Auch Italien und Kroatien können mit den Mittelfeldstrategen Barella und Modric auf gute Chancen hoffen, weiterzukommen.

Die Gruppe B verspricht bei der UEFA Fußball EM 2024 eine äußerst spannende Konkurrenz. Für Deutschland könnte in einem möglichen Achtelfinale eine Herausforderung warten, wenn man Zweiter wird und auf den Zweiten dieser Gruppe trifft.

Die Stars der Gruppe B

Die kroatische Nationalmannschaft setzt auf Luka Modric. Der FIFA-Weltfußballer von 2018 bringt Erfahrung und Eleganz ins Mittelfeld. Ihm zur Seite stehen mit Mateo Kovacic und Marcelo Brozovic herausragende Mittelfeldakteure. Das Offensivtrio Kramaric, Rebic und Perisic vervollständigen das Star-Ensemble.

Die spanische Auswahl zählt auf etablierte Spieler, angeführt von Legenden, wie Jesús Navas. Die erfahrenen Spieler werden durch aufstrebende Talente wie Lamine Yamal ergänzt. Rodri, Dani Olmo und Thiago tragen zusätzlich zum Glanz der spanischen Fußballstars bei.

Die Stars der Gruppe B

Italien präsentiert sich mit einer Mischung aus bewährten Kräften und aufstrebenden Talenten. Torwart Gianluigi Donnarumma, Verteidiger Federico Dimarco, Mittelfeldstratege Nicolò Barella und Offensivkraft Federico Chiesa gehören zu den Schlüsselspielern der Squadra Azzurra.

Die albanische Nationalmannschaft setzt auf vielversprechende Spieler. Dazu gehören Verteidiger Berat Djimsiti, Mittelfeldspieler Kristjan Asllani und Nedim Bajrami sowie der Offensivspieler Arbnor Muja. Diese Spieler könnten eine entscheidende Rolle für Albanien in der UEFA Euro 2024 spielen.

Gruppe C

Datum	Uhrzeit	Team 1	Ergebnis	Team 2	Spielort
16.06.2024	18:00	SLO	:	DEN	Stuttgart
16.06.2024	21:00	SRB	:	ENG	Gelsenkir.
20.06.2024	18:00	DEN	:	ENG	Frankfurt
20.06.2024	15:00	SLO	:	SRB	München
25.06.2024	21:00	ENG	:	SLO	Köln
25.06.2024	21:00	DEN	:	SRB	München

Die Gruppe C der UEFA EURO 2024 verspricht hochklassige Duelle zwischen den Nationalmannschaften von Slowenien, Dänemark, Serbien und England. Die englische Auswahl, angeführt von Topspielern wie Harry Kane, Spieler beim FC Bayern München, Phil Foden und Declan Rice, zählt zu den klaren Favoriten auf einen der ersten beiden Plätze.

Gruppe C

Dänemark, das seit der Europameisterschaft 1992 regelmäßig als Geheimfavorit gehandelt wird, bringt ebenfalls ein starkes Team ins Rennen. Serbien und Slowenien setzen auf talentierte Stürmer, wie Vlahovic und Sesko, die für die Favoriten zur Herausforderung werden könnten.

Das Schlüsselspiel zwischen Dänemark und England am 2. Spieltag könnte die Weichen für den Gruppensieg stellen. Die Austragungsorte für die Spiele der Gruppe C sind Gelsenkirchen und Stuttgart.

Die Stars der Gruppe C

Die englische Nationalmannschaft setzt auf erfahrene Führungsspieler und Talente. Angeführt wird das Team vom Kapitän und Stürmer Harry Kane, der von aufstrebenden Talenten, wie Bukayo Saka, Phil Foden, Declan Rice und Jude Bellingham unterstützt wird. In der Defensive gilt Trent Alexander-Arnold als Schlüsselspieler.

Jan Oblak, einer der besten Torhüter der Welt, bildet die Säule der slowenischen Nationalmannschaft. Benjamin Sesko sorgt als Stürmer für Torgefahr, während Sandi Lovrić im Mittelfeld und Jaka Bijol in der Verteidigung wichtige Aufgaben übernehmen. Zusammen bilden sie das Gerüst der slowenischen Auswahl.

Die Stars der Gruppe C

Serbien setzt auf eine starke Offensive, angeführt von den gefährlichen Stürmern Dušan Vlahović und Aleksandar Mitrovic. In der Verteidigung sind Strahinja Pavlović und im Mittelfeld Lazar Samardžić sowie Ivan Ilić entscheidende Akteure für die serbische Nationalmannschaft.

Die dänische Nationalmannschaft vertraut auf eine vielseitige Mischung aus talentierten Spielern. Stürmer Jonas Wind, Verteidiger Joachim Andersen sowie die Mittelfeldspieler Mathias Jensen, Pierre-Emile Højbjerg und Jesper Lindstrøm bilden das Gerüst des dänischen Teams, das für Überraschungen sorgen könnte.

Gruppe D

Datum	Uhrzeit	Team 1	Ergebnis	Team 2	Spielort
16.06.2024	15:00	-	:	NED	Hamburg
17.06.2024	21:00	AT	:	FRA	Düssel.
21.06.2024	18:00	-	:	AT	Berlin
21.06.2024	21:00	NED	:	FRA	Leipzig
25.06.2024	18:00	FRA	:	-	Dortmund
25.06.2024	18:00	NED	:	AT	Berlin

Das vierte Team in der Gruppe D wird im Playoff-Pfad A zwischen Polen und Estland sowie Wales und Finnland ermittelt. Die Qualifikation von Polen würde die Gruppe mit einem weiteren Superstar, Lewandowski, bereichern. Die Gruppe D präsentiert bereits einige Fußballgrößen wie Mbappe, van Dijk und Alaba, welcher sich leider einen Kreuzbandriss zugezogen hat, aber noch rechtzeitig wieder fit werden könnte.

Gruppe D

Die Gruppe D der UEFA Fußball-Europameisterschaft 2024 verspricht ein hochspannendes Kräftemessen, da sie mit den erstklassigen Nationalmannschaften von Frankreich, den Niederlanden und Österreich besetzt ist, die allesamt eine beeindruckende Leistungssaison 2023 hinter sich haben.

Am 17. Juni 2024 könnte das ÖFB-Team unter der Leitung von Ralf Rangnick zum Auftakt gegen Frankreich für eine Überraschung sorgen. Das absolute Top-Spiel der Gruppe D der UEFA Fußball-EM 2024 ist für den 21. Juni 2024 angesetzt und wird die Niederlande und Frankreich einander gegenüberstellen.

Die Stars der Gruppe D

Die niederländische Nationalmannschaft setzt auf eine Mischung aus Erfahrung und jugendlichem Elan. Verteidiger und Kapitän Virgil van Dijk führt das Team an, unterstützt von den talentierten Mittelfeldspielern Teun Koopmeiners und Denzel Dumfries. Im Angriff sollen Xavi Simons und Cody Gakpo für Torgefahr sorgen.

Österreich baut auf das beeindruckende Talent und die Erfahrung von Kapitän David Alaba. In der Mitte des Spielfelds sind Xaver Schlager und Konrad Laimer die Dreh- und Angelpunkte. Gemeinsam bilden sie die Pfeiler der österreichischen Mannschaft, die auf eine erfolgreiche Europameisterschaft hofft.

Die Stars der Gruppe D

Frankreich präsentiert sich mit einem beeindruckenden Star-Ensemble. Verteidiger William Saliba und Jules Koundé sorgen für Stabilität, während die Offensive von Größen wie Kingsley Coman und dem herausragenden Kapitän Kylian Mbappé angeführt wird. Randal Kolo Muani ist ein vielversprechender Stürmer im französischen Aufgebot.

Die Playoff-Helden kämpfen um ihre Teilnahme an der Europameisterschaft. Polens Stürmer und Kapitän Robert Lewandowski, einer der besten Torjäger der Welt, sowie der walisische Offensivspieler Brennan Johnson stehen im Fokus. Diese Spieler könnten in den Playoffs ihre Teams zur EM führen.

Gruppe E

Datum	Uhrzeit	Team 1	Ergebnis	Team 2	Spielort
17.06.2024	18:00	BEL	:	SLK	Frankfurt
17.06.2024	15:00	RUM	:	-	München
21.06.2024	15:00	SLK	:	-	Düssel.
22.06.2024	21:00	BEL	:	RUM	Köln
26.06.2024	18:00	-	:	BEL	Stuttgart
26.06.2024	18:00	SLK	:	RUM	Frankfurt

Das vierte Team, das die EM-Gruppe E vervollständigen wird, wird aus dem Playoff-Pfad B kommen. In diesem Playoff-Pfad treten die Mannschaften Israel gegen Island sowie Bosnien-Herzegowina gegen die Ukraine an. Die Gewinner dieser Playoff-Duelle sichern sich einen begehrten Platz in der Endrunde der UEFA Fußball-Europameisterschaft 2024.

Gruppe E

Die EM-Gruppe E verspricht große Begegnungen, auch wenn sie als eine der etwas weniger prominent besetzten Gruppen der UEFA Fußball-Europameisterschaft 2024 gilt. Angeführt von herausragenden Talenten wie De Bruyne und Lukaku sowie den erfahrenen Vertonghen und Courtois, gilt Belgien als Mitfavorit.

Die slowakische Nationalmannschaft, angeführt vom talentierten Innenverteidiger Skriniar, sowie die rumänische Nationalmannschaft komplettieren das Feld. Belgien wird voraussichtlich keine Schwierigkeiten haben, die Gruppe E zu dominieren und sich souverän für die nächste Runde der EM 2024 zu qualifizieren.

Die Stars der Gruppe E

Belgien präsentiert sich mit einer beeindruckenden Offensivpower. Die jungen Talente Jérémy Doku und Johan Bakayoko sollen für Tempo und Kreativität sorgen, während Stürmer Loïs Openda für Tore verantwortlich ist. Kapitän und Ausnahmestürmer Romelu Lukaku wird die Mannschaft mit seiner Erfahrung anführen.

Die Slowakei setzt auf eine stabile Defensive, angeführt von Verteidiger Milan Skriniar und David Hancko. Im Mittelfeld wird Stanislav Lobotka eine entscheidende Rolle spielen, um das Spiel zu kontrollieren und Chancen zu kreieren.

Die Stars der Gruppe E

Rumänien setzt auf eine vielversprechende Mischung aus Talent und Erfahrung. Verteidiger Radu Drăgușin wird die Abwehr stabilisieren, während der offensive Kapitän Nicolae Stanciu für Kreativität und Durchschlagskraft sorgt.

Die Playoff-Teams werden von talentierten Spielern, wie dem ukrainischen Verteidiger Oleksandr Zinchenko und Linksaußen-Spieler Mykhaylo Mudryk, angeführt. Auch Bosnien-Herzegowinas Verteidiger Amar Dedic und Stürmer Ermedin Demirovic sollen ihr Land zur Europameisterschaft zu bringen.

Gruppe F

Datum	Uhrzeit	Team 1	Ergebnis	Team 2	Spielort
18.06.2024	18:00	TUR	:	-	Dortmund
18.06.2024	21:00	POR	:	CZE	Leipzig
22.06.2024	18:00	TUR	:	POR	Dortmund
22.06.2024	15:00	-	:	CZE	Hamburg
26.06.2024	21:00	CZE	:	TUR	Hamburg
26.06.2024	21:00	-	:	POR	Gelsenkir.

Die UEFA Fußball-Europameisterschaft 2024 verspricht in der Gruppe F mit Portugal, Türkei, Tschechien und dem Gewinner des Playoff-Pfads C, in dem Georgien, Luxemburg, Griechenland und Kasachstan um die Qualifikation kämpfen, spannende Begegnungen. Die Gruppe zieht besondere Aufmerksamkeit auf sich, da der mehrmalige Weltfußballer Cristiano Ronaldo möglicherweise seine letzte EM bestreitet.

Gruppe F

Das Aufeinandertreffen von Topspielern wie Calhanoglu aus der Türkei und Soucek aus Tschechien verspricht entscheidende Momente in der Gruppe F. Ein Höhepunkt wird zweifellos das Spiel zwischen der Türkei und Portugal sein, bei dem die zahlreichen türkischen Fans eine Heimspielstimmung schaffen könnten.

In der Gruppe F könnte es eine Überraschung geben, da sowohl die Türkei als auch Tschechien das Potenzial haben, über sich hinauszuwachsen und für spannende Wendungen zu sorgen. Es bleibt abzuwarten, welches Team am Ende als Sieger aus dieser hochkarätig besetzten Gruppe hervorgehen wird.

Die Stars der Gruppe F

In der Türkei setzen sie auf aufstrebende Talente. Der Verteidiger Ferdi Kadıoğlu wird die Defensive stärken, während Mittelfeldspieler Salih Özcan für Kontrolle im Zentrum sorgt. Stürmer Kerem Aktürkoğlu soll mit seinem Torinstinkt die türkische Offensive beleben.

Portugal ist randvoll mit Stars. Der Verteidiger Rúben Dias garantiert Stabilität in der Abwehr. Mittelfeldzauberer Bernardo Silva und Bruno Fernandes sind für die Kreativität verantwortlich. Kapitän und Superstar Christiano Ronaldo wird mit seiner Erfahrung und Torgefährlichkeit eine Schlüsselrolle einnehmen.

Die Stars der Gruppe F

Tschechien setzt auf bewährte Kräfte. Kapitän Tomas Soucek ist im Mittelfeld der Taktgeber. Die Stürmer Adam Hlozek und Tomas Cvancara sollen für die nötigen Tore sorgen.

Die Playoff-Teams bringen ebenfalls Top-Spieler mit. Georgiens Torwart Giorgi Mamardashvili und Linksaußen-Spieler Khvicha Kvaratskhelia werden versuchen, ihr Team zum Erfolg zu führen. Griechenlands Verteidiger Konstantinos Tsimikas und Stürmer Vangelis Pavlidis werden alles geben, um ihre Mannschaft in die EM zu führen.

Achtelfinale

Datum	Uhrzeit	Team 1	Erg.	Team 2	Spielort
29.06.2024	18:00	Sieger Gruppe A	:	Zweiter Gruppe C	Dortmund
29.06.2024	21:00	Zweiter Gruppe A	:	Zweiter Gruppe B	Berlin
30.06.2024	18:00	Sieger Gruppe B	:	Dritter Gruppe A/D/E/F	Köln
30.06.2024	21:00	Sieger Gruppe C	:	Dritter Gruppe D/E/F	Gelsenkir.
01.07.2024	18:00	Sieger Gruppe F	:	Dritter Gruppe A/B/C	Frankfurt
01.07.2024	21:00	Zweiter Gruppe D	:	Zweiter Gruppe E	Düssel.
02.07.2024	18:00	Sieger Gruppe E	:	Dritter Gruppe A/B/C/D	München
02.07.2024	21:00	Sieger Gruppe D	:	Zweiter Gruppe F	Leipzig

Achtelfinale

Datum	Zeit	Team 1	Erg.	Team 2	Spielort
29.06.	18:00		:		Dortmund
29.06.	21:00		:		Berlin
30.06.	18:00		:		Köln
30.06.	21:00		:		Gelsenkir.
01.07.	18:00		:		Frankfurt
01.07.	21:00		:		Düssel.
02.07.	18:00		:		München
02.07.	21:00		:		Leipzig

Viertelfinale

Datum	Uhrzeit	Team 1	Ergebnis	Team 2	Spielort
05.07.2024	18:00	Sieger AF 3	:	Sieger AF 1	Stuttgart
05.07.2024	21:00	Sieger AF 5	:	Sieger AF 6	Hamburg
06.07.2024	18:00	Sieger AF 7	:	Sieger AF 8	Berlin
06.07.2024	21:00	Sieger AF 4	:	Sieger AF 2	Düssel.

Halbfinale

Datum	Uhrzeit	Team 1	Ergebnis	Team 2	Spielort
09.07.2024	21:00	Sieger VF 1	:	Sieger VF 2	München
10.07.2024	21:00	Sieger VF 3	:	Sieger VF 4	Dortmund

Finale

Datum	Uhrzeit	Team 1	Ergebnis	Team 2	Spielort
14.07.2024	21:00, ARD	Sieger HF 1	:	Sieger HF 2	Berlin

Viertelfinale

Datum	Zeit	Team 1	Erg.	Team 2	Spielort
05.07.	18:00		:		Stuttgart
05.07.	21:00		:		Hamburg
06.07.	18:00		:		Berlin
06.07.	21:00		:		Düssel.

Halbfinale

Datum	Zeit	Team 1	Erg.	Team 2	Spielort
09.07.	21:00		:		München
10.07.	21:00		:		Dortmund

Finale

Datum	Zeit	Team 1	Erg.	Team 2	Spielort
14.07.	21:00		:		Berlin

Rekorde in der Fußball EM

Die deutsche Nationalmannschaft hat den Rekord für die meisten aufeinanderfolgenden Länderspiele ohne Niederlage. Sie blieben in 23 Spielen zwischen 1978 und 1980 ungeschlagen. Dieser beeindruckende Lauf zeigte die Dominanz und Stärke des deutschen Fußballs in dieser Zeit und bleibt bis heute unübertroffen.

Frankreich gewann die Europameisterschaft 1984. Sie ist das einzige Team, das den Titel gewann, ohne ein einziges Spiel zu verlieren. Diese besondere Leistung unterstreicht die Klasse und Konstanz der französischen Nationalmannschaft während des Turniers.

Rekorde in der Fußball EM

Italien ist die Mannschaft mit den meisten EM-Finalteilnahmen. Sie nahmen bisher insgesamt sechs Mal daran teil. Das unterstreicht ihre beständige Leistung auf höchstem Niveau. Die italienische Nationalmannschaft ist bekannt für ihre taktische Klugheit und gute Defensivarbeit.

Die Tschechoslowakei gewann die EM 1976. Sie schrieb Geschichte, indem sie im Finale gegen Deutschland im Elfmeterschießen triumphierte. Dies war das erste Elfmeterschießen in der EM-Geschichte und markierte den Beginn einer aufregenden Ära des Turniers.

Rekorde in der Fußball EM

Der Titel des ältesten EM-Spielers gebührt Gábor Király. Er war bei seinem letzten EM-Auftritt gegen Belgien im Jahr 2016 stolze 40 Jahre und 86 Tage alt. Király übertraf damit die Legende Lothar Matthäus, der zuvor als ältester Spieler in die EM-Geschichte eingegangen war.

Giorgio Chiellini schrieb Geschichte als der älteste Kapitän eines Europameisters im Jahr 2021. Im stolzen Alter von 36 Jahren und 331 Tagen führte er seine Mannschaft aufs Feld und verlieh der italienischen Nationalmannschaft nicht nur Erfahrung, sondern auch Führungskraft und Entschlossenheit.

Rekorde in der Fußball EM

Der jüngste EM-Spieler ist der Pole Kacper Kozłowski. Im Alter von 17 Jahren und 246 Tagen feierte er am 19. Juni 2021 gegen Spanien sein erstes EM-Spiel. Er löste den Engländer Jude Bellingham ab. Dieser hatte nur sechs Tage zuvor im Alter von 17 Jahren und 349 Tagen sein erstes EM-Spiel gemacht.

Jude Bellingham hält den Rekord als jüngster Spieler in einem EM-K.-o.-Spiel. Mit nur 18 Jahren und 4 Tagen stand er im Mittelpunkt eines spannenden Entscheidungsspiels. Seine Jugend und seine beeindruckenden Fähigkeiten machen ihn zu einem aufstrebenden Star im europäischen Fußball.

Rekorde in der Fußball EM

Der älteste Europameister ist Ricardo Carvalho. Im Jahr 2016 gewann er im beeindruckenden Alter von 38 Jahren und 2 Monaten den Titel. Seine Erfahrung und Klasse auf dem Spielfeld machten ihn zu einer Schlüsselfigur für das portugiesische Team.

Die EM 1984 sah Frankreichs Michel Platini mit neun Toren als besten Torschützen. Das sind die meisten Tore in einem einzigen Turnier. Ein individuelles Highlight, das die Bedeutung von herausragenden Spielern in Turnieren unterstreicht.

Rekorde in der Fußball EM

Renato Sanches, ein portugiesischer Fußballer, sicherte sich den Titel des jüngsten Europameisters im Jahr 2016. Im zarten Alter von 18 Jahren und 11 Monaten trug er wesentlich dazu bei, dass Portugal den begehrten Titel holte und sich als aufstrebendes Talent etablierte.

Auch Lothar Matthäus hält einen beeindruckenden Rekord, nämlich die längste Zeitspanne zwischen seinem ersten und letzten Einsatz in der Europameisterschaft. Über einen Zeitraum von 20 Jahren und 6 Tagen, vom 14. Juni 1980 bis zum 20. Juni 2000, prägte Matthäus die EM mit seiner außergewöhnlichen Karriere.

Rekorde in der Fußball EM

Deutschland hält den Rekord für die meisten Spiele in der Geschichte der Europameisterschaft. Mit 53 aufregenden Auftritten auf der EM-Bühne haben die deutschen Spieler immer wieder gezeigt, dass sie zu den Besten gehören.

Auch wenn es um die meisten Siege geht, führt Deutschland die Rangliste an. Mit 27 triumphalen Momenten und zusätzlich zwei im nervenaufreibenden Elfmeterschießen haben die deutschen Fußballhelden bewiesen, dass sie Meister des Gewinnens sind.

Rekorde in der Fußball EM

In der Welt des Fußballs ist ein Unentschieden manchmal unvermeidlich. Italien hält den Rekord mit den meisten Unentschieden. Insgesamt waren es 18. Sie werden von Spanien (15), Deutschland (13) und England (13) eng verfolgt, wobei einige Spiele sogar im spannenden Elfmeterschießen entschieden wurden.

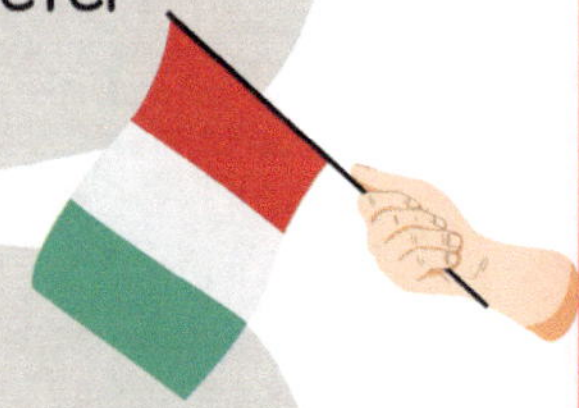

Die Verteidigung ist genauso wichtig wie der Angriff. Italien (22) führt auch die Liste der Spiele ohne Gegentor an. Sie schafften es in 22 Spielen kein Gegentor zuzulassen. Sie werden allerdings von starken Teams gefolgt, wie Deutschland (18), den Niederlanden (17), Spanien (16) und Frankreich (14).

Rekorde in der Fußball EM

Heimspiele haben eine besondere Magie. Frankreich hat diese Magie besonders gut genutzt und hält den Rekord für die meisten Heimspiele bei der EM. Insgesamt hatten sie 14 Heimspiele.

Cristiano Ronaldo, eine lebende Legende des Fußballs, hält den Rekord für die meisten Spiele bei der EM. In fünf aufeinanderfolgenden Turnieren hat er 25 Mal sein Bestes gegeben und beeindruckende Momente geschaffen.

Rekorde in der Fußball EM

England, das Mutterland des Fußballs, hatte einige Startschwierigkeiten. Mit nur einem Sieg, fünf Unentschieden und vier Niederlagen zeigt dies, dass auch Fußballgroßmächte Herausforderungen am Anfang eines Turniers meistern müssen. Sie sind das Team, das am häufigsten das Auftaktspiel nicht gewinnen konnte.

Italien feierte 2021 die längste Siegesserie mit sieben aufeinanderfolgenden Triumphen, darunter zwei nervenzerreißende Siege im Elfmeterschießen. Ebenfalls beeindruckend war Spaniens Leistung bei der EM 2008 mit sechs Siegen, einschließlich einem epischen Elfmeterschießen.

Rekorde in der Fußball EM

Die längste Serie ohne Sieg hatte die UdSSR/GUS/Russland. Sie mussten zwischen 1988 (Finale) und 2004 neun Spiele lang auf einen Sieg warten. Eine herausfordernde Zeit, die zeigte, dass auch die besten Teams Rückschläge erleben.

Die Niederlande führen die Liste der meisten Platzverweise an, alle gegen Tschechien oder die Tschechoslowakei. Diese Rivalität auf dem Spielfeld führte zu insgesamt vier Platzverweisen, ein Beleg für die Intensität dieser Duelle.

Rekorde in der Fußball EM

Spanien glänzte zwischen 2008 und 2016 mit einer beeindruckenden Serie von 14 Spielen ohne Niederlage. Das ist die längste Serie ohne Niederlage. Interessanterweise wurden das vierte und elfte Spiel der Serie im Elfmeterschießen entschieden.

Frankreich (2000–2004) und Italien (2016-2021) schrieben Geschichte, indem sie neun Spiele hintereinander mit mindestens einem erzielten Tor beendeten. Tore, die den Weg zu großen Erfolgen ebneten. Das waren die längsten Serien mit mindestens einem Tor pro Spiel.

Rekorde in der Fußball EM

Spanien hatte die meisten Spiele ohne Gegentreffer in Folge. Sie (2012-2016) führte die Verteidigung an, blieb beeindruckende sieben Spiele ohne Gegentor. England (2021) folgte mit fünf Spielen, während Deutschland, Griechenland, Polen und Italien jeweils drei Spiele ohne Gegentor verbuchten.

Die Ukraine erlebte von 2012 bis 2016 eine harte Durststrecke, in der sie fünf Spiele hintereinander ohne eigenen Torerfolg blieb. Das sind die meisten Spiele in Folge ohne eigenem Torerfolg. Eine Herausforderung, die ihre Fähigkeiten auf die Probe stellte.

Rekorde in der Fußball EM

Die längste Serie an Unentschieden in Folge erlebte Portugal. Sie verzeichnete zwischen 2012 und 2016 vier Unentschieden hintereinander. Interessanterweise endete diese Serie im Halbfinale 2012, als Portugal gegen Spanien im Elfmeterschießen verlor.

Den bisher höchsten Sieg erzielten die Niederlande bei der EM 2000 einen beeindruckenden 6:1-Sieg gegen Jugoslawien im Viertelfinale. Dieses denkwürdige Spiel zeigte die explosive Kraft der niederländischen Offensive und bleibt als eines der höchsten Siege in der Geschichte der Europameisterschaft in Erinnerung.

Rekorde in der Fußball EM

Johan Vonlanthen aus der Schweiz sicherte sich bei der EM 2004 einen Platz in den Geschichtsbüchern als jüngster Torschütze. Am 1. Februar 1986 geboren, traf er im Spiel gegen Frankreich mit 18 Jahren und 141 Tagen ins Netz.

Luke Shaw schrieb Geschichte bei der EM 2021, als er bereits nach 1:56 Minuten das schnellste Tor in einem Finale erzielte. Dieser frühe Treffer für England setzte den Ton für ein aufregendes Spiel, das letztendlich mit einem 1:1 n. V. und einem 2:3 i. E. endete.

Rekorde in der Fußball EM

Die meisten Tore in der K.-o.-Runde erzielte Antoine Griezmann. Ihm gelangen 2016 fünf Tore für die französische Nationalmannschaft.

Oliver Bierhoff schrieb Geschichte im Finale 1996, als er das erste Golden Goal erzielte. Dieser entscheidende Treffer zum 2:1 n.GG. brachte Deutschland den Titel und markierte einen Meilenstein in der Geschichte der Europameisterschaft.

Rekorde in der Fußball EM

Ivica Vastić aus Österreich bewies bei der EM 2008, dass das Alter keine Grenze für Tore setzt. Am 29. September 1969 geboren, traf er im Spiel gegen Polen mit 38 Jahren und 257 Tagen ins Tor, eine beeindruckende Leistung. Er ist damit der älteste EM-Torschütze.

Michel Platini, eine Legende des französischen Fußballs, erzielte bei der EM 1984 den einzigen „lupenreinen" Hattrick. Am 19. Juni 1984 gelang ihm im Gruppenspiel gegen Jugoslawien ein Hattrick mit Toren in der 59., 61. und 76. Minute, ein Meisterwerk der Effizienz. Das gelang außer ihm noch niemanden bei einer EM.

Rekorde in der Fußball EM

Deutschland kann mit 13 Teilnahmen an der UEFA Europameisterschaft stolz auf die meisten EM-Teilnahmen sein. Die deutsche Nationalmannschaft hat regelmäßig an diesem hochkarätigen Turnier teilgenommen und dabei historische Momente und Siege erlebt.

Deutschland und Spanien teilen sich den Rekord für die meisten UEFA Europameisterschaftstitel, wobei beide Nationen dreimal den begehrten Titel gewonnen haben. Diese Teams haben sich als führende Kräfte auf dem europäischen Fußballparkett etabliert.

Rekorde in der Fußball EM

Deutschland und Russland bzw. die UdSSR haben jeweils dreimal den zweiten Platz bei der UEFA Europameisterschaft erreicht. Diese Teams haben sich in den Finalspielen behauptet, auch wenn der Titel knapp außer Reichweite blieb. Sie sind dadurch die Rekordhalter der Vize-EM-Titel.

Deutschland hat mit insgesamt sechs Finalteilnahmen einen beeindruckenden Rekord aufgestellt. Das sind die bisher meisten Finalteilnahmen. Darunter waren auch drei aufeinanderfolgende Finalspiele. Diese Kontinuität spiegelt die herausragende Leistung und den Erfolg der deutschen Nationalmannschaft auf höchstem Niveau wider.

Rekorde in der Fußball EM

Rainer Bonhof, eine deutsche Fußballlegende, hat sich mit zwei EM-Titeln (1972, 1980) und einem Vize-Titel (1976) als der erfolgreichste Spieler in der Geschichte der Europameisterschaften etabliert. Seine Medaillensammlung ist ein Tribut an seine herausragende Karriere.

Iker Casillas aus Spanien hat einen Rekord von fünf Teilnahmen an der UEFA Europameisterschaft aufgestellt. Der herausragende Torwart hat seine Nation auf internationalem Parkett mit seinem Engagement und seiner Exzellenz vertreten.

Rekorde in der Fußball EM

Cristiano Ronaldo aus Portugal hat mit beeindruckenden 14 Toren den Rekord für die meisten Tore in der Geschichte der Europameisterschaften inne. Darüber hinaus ist er auch der Rekordhalter für die meisten Länderspieltreffer mit insgesamt 128 Toren.

Petr Cech kommt aus Tschechien. Er kassierte 21 Gegentore bei der EM. Damit hält er den Rekord für die meisten EM-Gegentore. Das ist ein Rekord, den niemand will. Trotzdem ist Cech weltweit respektiert. Er bleibt eine Fußballlegende.

Rekorde in der Fußball EM

Lothar Matthäus ist eine Legende aus Deutschland. Er war der älteste Spieler in einem EM-Finale. Mit 39 Jahren und 91 Tagen trat er an. Matthäus war eine Inspiration. Er stand für Erfahrung und Klasse.

Arnold Mühren stammt aus den Niederlanden. 1988 wurde er mit 37 Jahren Europameister. Er ist der älteste Gewinner dieses Titels. Seine Erfahrung prägte das Team. Seine Teamführung war entscheidend für den Erfolg.

Das erste große Abenteuer 1960

Vor langer Zeit, im Jahre 1960, begann in Frankreich ein spannendes Fußballabenteuer, das wir heute die Europameisterschaft nennen. Stellt euch vor, es war wie das erste Kapitel eines spannenden Buches, das bis heute weitergeschrieben wird. Alle vier Jahre treffen sich die besten Fußballteams Europas, um in einem großen Turnier gegeneinander anzutreten. Sie alle träumen davon, am Ende den großen Schatz zu heben: den Henri Delaunay-Pokal, benannt nach einem Mann, der die Idee für dieses magische Turnier hatte.

Die EM-Endrunde 1960 und 1964

In den Jahren 1960 und 1964 war die Europameisterschaft noch als Europapokal der Nationen bekannt. Damals traten die besten Fußballteams nur in einem K.-o.-System gegeneinander an. Bis zum Viertelfinale gab es spannende Duelle mit Hin- und Rückspielen, bei denen jedes Team zu Hause und auswärts seine Kräfte messen konnte. Für das große Finale dieser spannenden Reise versammelten sich die stärksten Helden in einem Miniturnier. Das wurde in einer halben Woche in einem der Länder der verbliebenen Teilnehmer ausgetragen.

Einführung der Qualifikation 1968

Seit 1968 müssen alle Teams durch eine spannende Herausforderung. Es wurde die Qualifikation in Gruppen eingeführt. Jetzt mussten die Länder in Qualifikationsspielen zeigen, dass sie würdig sind, an der eigentlichen Europameisterschaft teilzunehmen. Bis 1992 durften nur die 8 stärksten Gruppensieger durch diese Tür gehen. Danach kam ein Viertelfinale mit Hin- und Rückspielen im April und Mai. Diejenigen, die diese Runden überstanden, wurden dann zum großen Miniturnier im Juni eingeladen. Dort kämpften sie um den Titel des Europameisters.

Die erste Gruppenphase 1980

Statt auf viele Länder verteilt, fand das gesamte Turnier ab 1980 in einem einzigen Land statt. Die acht tapferen Teams, die sich durch ihre Leistungen qualifiziert hatten, wurden in zwei Vorrundengruppen aufgeteilt. Im Jahr 1980 war es so, dass nur die beiden Gruppensieger direkt ins Finale einzogen. Ab 1984 kamen die besten beiden Teams aus jeder Gruppe in das Halbfinale, bevor sie die Chance bekamen, im großen Finale um den Titel zu kämpfen.

Vier Gruppen mit vier Teams 1996

Im Fußballjahr 1996 wurde die Europameisterschaft noch größer und bunter. 16 mutige Mannschaften, jede voller Träume und Hoffnungen, traten nach einer erfolgreichen Qualifikationsrunde in das Endrundenturnier ein. Anschließend wurden sie in vier Gruppen, mit jeweils vier Teams, eingeteilt. Die zwei stärksten Teams jeder Gruppe zogen gemeinsam ins Viertelfinale ein. Es war ein spannendes Kapitel im großen Buch der Fußballgeschichten, voller Freude, Spannung und unvergesslicher Momente.

Das Golden Goal 1996 und 2000

1996 und 2000, gab es eine besondere Regel, die als "Golden-Goal" bekannt war. Stellt euch vor, das erste Tor in der Verlängerung entschied das ganze Spiel. Diese Regel brachte Spannung und Hoffnung, denn jeder Moment konnte der Entscheidende sein. In diesen Jahren wurden sogar die großen Finalspiele so entschieden, was für Helden und Fans gleichermaßen aufregend war. Diese Regel wurde 2004 nicht mehr angewendet, da viele Kritiker meinten, dass dadurch weniger Tore in der Verlängerung fallen werden.

Das Silver-Goal 2004

Im Jahr 2004 gab es eine neue Regelung: Das "Silver-Goal". Diese Regel wurde nur einmal angewendet. Im spannenden Halbfinale zwischen Griechenland und Tschechien kam sie zum Einsatz. Das Spiel endete, da Griechenland in der ersten Hälfte der Verlängerung führte. Das reichte nach dieser neuen Regel aus. Nach dem Turnier wurde sie wieder abgeschafft. Seit 2008 kehrten die Spiele zurück zu dem vorherigen System mit garantierten zweimal 15 Minuten Verlängerung und, wenn nötig, einem Elfmeterschießen, um den Sieger zu krönen.

Zuschauerrekord 2016

Bei der Europameisterschaft 2016 in Frankreich kamen so viele Fußballfans zusammen wie nie zuvor. Die Stadien waren gefüllt mit jubelnden Menschen, die ihre Teams anfeuerten. Es war, als würde die ganze Welt innehalten, um gemeinsam Fußball zu feiern. Insgesamt waren es sage und schreibe 519.720 Zuschauer. Dieses Turnier zeigte, wie wunderbar es ist, wenn Menschen aus verschiedenen Ländern zusammenkommen, um ihre Liebe zum Sport zu teilen.

Wales' besonderes Debüt 2016

Wales schaffte bei ihrer ersten EM-Endrundenteilnahme etwas Beeindruckendes. Bei ihrem allerersten Auftritt in diesem Turnier spielten sie so gut, dass sie es bis ins Halbfinale schafften. Es war eine inspirierende Geschichte darüber, wie Mut, Teamarbeit und ein bisschen Magie euch zu unglaublichen Leistungen führen können.

Das verschobene Turnier 2020

Im Jahr 2020 sollte die Europameisterschaft in verschiedenen Ländern Europas stattfinden. Eine unerwartete Krankheitswelle machte es notwendig, das Turnier zu verschieben. Der Corona-Virus war für die Verschiebung verantwortlich. So fand die Europameisterschaft erst im Jahr 2021 statt. Fußballfreunde aus aller Welt konnten wieder gemeinsam jubeln, auch wenn sie ein bisschen länger warten mussten. Es war ein besonderes Abenteuer, das zeigte, wie Fußball uns alle verbindet.

Die Magie der Technologie 2021

Bei der Europameisterschaft 2021 wurde zum ersten Mal die Videoassistenten-Technologie (VAR) eingesetzt. Sie sollte Schiedsrichtern helfen, die richtigen Entscheidungen zu treffen. Manchmal können selbst die besten Schiedsrichter nicht alles sehen, aber mit dieser Technologie wurde sichergestellt, dass Gerechtigkeit im Spiel herrscht. Schiedsrichter hatten dadurch die Möglichkeit, strittige Szenen nochmal anzusehen. Somit konnten eine Vielzahl an Fehlentscheidungen korrigiert werden.

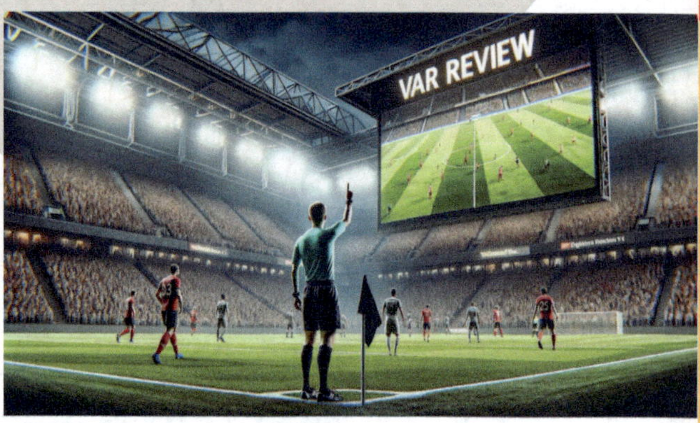

Das erste Mal kamen die qualifizierten Teams im Jahre 1988 nach Deutschland zusammen. Dort traten sie in einem spannenden Turnier gegeneinander an. Der Sieger in dieser Endrunde hieß Niederlande. Im Jahr 2024 öffnet Deutschland erneut seine Tore für dieses große Fußballfest. Spieler und Fans aus aller Welt versammeln sich erneut in Deutschland, um ihre Liebe zum Spiel zu teilen. Es werden Momente voller Freude und Aufregung erwartet.

Quiz

Wo findet die Fußball-Europameisterschaft 2024 statt?

Deutschland

Wie viele Mannschaften nehmen an der EM teil?

24

Quiz

In welchen Städten werden die Spiele ausgetragen?

~~Dortmund~~, ~~München~~, ~~Düsseldorf~~, ~~Hamburg~~, ~~Frankfurt~~, ~~Schalke~~, ~~Berlin~~, ~~Köln~~, ~~Fürth~~, ~~Nürnberg~~

Wer sind die Titelverteidiger der EM 2024?

Italien

Quiz

Wo findet das Eröffnungsspiel und das Finale statt?

Berlin

Welche Mannschaften sind in der Gruppe von Deutschland?

Ungarn, Schweiz,
Schotland,

Quiz Lösungen

Wo findet die Fußball-Europameisterschaft 2024 statt?

Die Fußball-Europameisterschaft 2024 findet in Deutschland statt.

Wie viele Mannschaften nehmen an der EM teil?

An der EM nehmen 24 Mannschaften teil.

In welchen Städten werden die Spiele ausgetragen?

Die Spiele werden in Berlin, München, Köln, Dortmund, Leipzig, Gelsenkirchen, Düsseldorf, Stuttgart
und Frankfurt ausgetragen.

Quiz Lösungen

Wer sind die Titelverteidiger der EM 2024?

Die italienische Nationalmannschaft ist der Titelverteidiger der EM.

Wo findet das Eröffnungsspiel und das Finale statt?

Das Eröffnungsspiel findet in der Allianz Arena in München statt. Das Finale wird im Olympiastadion in Berlin bestritten.

Welche Mannschaften sind in der Gruppe A von Deutschland?

In der Gruppe A befinden sich die Mannschaften Deutschland, Schottland, Ungarn und die Schweiz.

Wir hoffen, Dir hat das Buch viel Spaß gemacht. Für weitere Informatioen können wir Dir die Internetseite www.fußball-em-2024.de empfehlen. Wenn Dir das Buch gefallen und geholfen hat, würden wir uns sehr über eine positive Bewertung auf Amazon freuen.

Kritik, Feedback, Fragen, Hinweise auf Fehler und Anregungen für die nächste Auflage dieses Buches nehmen wir gerne per Mail entgegen. Unsere E-Mail-Adresse lautet: support@tobias-unger.com.

Impressum:

2. Auflage

Bildrechte:
Alle Abbildungen und Fotos sind von Depositphotos und Midjourney

Autor Tobias Eggerl wird vertreten durch:
Tobias Unger
Am Dorfbach 1
85123 Karlskron

Printed in France by Amazon
Brétigny-sur-Orge, FR

19088983R00067